《我写我：让历史告诉未来》编写组

我写我

让历史告诉未来

策　　划：谢中天
责任编辑：李成志
版式设计：文　迪
责任印制：李未圻

图书在版编目（CIP）数据

我写我：让历史告诉未来 / 《我写我：让历史告诉未来》编写组著. -- 北京 : 华龄出版社, 2014.6
ISBN 978-7-5169-0455-8

Ⅰ. ①我… Ⅱ. ①我… Ⅲ. ①回忆录—写作 Ⅳ. ①I055

中国版本图书馆CIP数据核字(2014)第108330号

书　　名：我写我——让历史告诉未来
作　　者：《我写我——让历史告诉未来》编写组 著
出版发行：华龄出版社
印　　刷：科伦克·三莱印务（北京）有限公司
版　　次：2014年6月第1版　　2014年6月第1次印刷
开　　本：880×1230　1/16　　　印　张：22
定　　价：66.00元

地　　址：北京西城区鼓楼西大街41号　　　邮　　编：100009
电　　话：88270804　68275699　84044445　　传　　真：88270804　84039173
网　　址：http://www.hualingpress.com

我写我，把这笔精神财富留给后人（序）

华龄出版社社长　常振国

这是一部专为老年朋友设计、旨在请诸位留下一笔精神财富的书。

近年，随着离退休人员和老龄人口的增加，“为子女留下点什么”成为众人关注的热点和时尚话题。

为子女、为后代留下点什么？将财产、家业分享给儿孙，这当然是情理之事，无可厚非。但我以为，将自己的亲身经历告诉儿孙，将自己一生中遇到的挫折、取得的成果告诉儿孙，将自己风风雨雨中体会到的做人做事的“真谛”告诉儿孙，可能比万贯家财、巨额产业还要重要。所以，许许多多有远见的伟人、名人、老一辈，他们流传给后代的，大多是一份取之不尽、用之不竭的精神财富，正如朱老总所说，“对于孩子，我给他们的是精神。”

那么，怎样把我们一生积累的精神财富传给儿孙呢？除了日常生活中的言传身教之外，最有效最直观的办法就是通过文字记述下来。使之成为儿孙们工作的励志书、生活的教科书、成功的指南书。只要“回忆”还在，我们的精神就会永远流传下去。倘若千千万万的老同志都把自己的革命历程、深刻体会写出来，必将汇成一股浩浩荡荡的正能量之激流，为实现中华民族伟大复兴的中国梦，扬起“为霞尚满天”的生命浪花。

针对一些老同志不敢写、不会写、写不好、忘性大的种种顾虑，本书采取引导式写作模式，带领您一步步寻找过去的路，过去的您，过去的事，过去跌宕起伏的人生经历。应该说，人生就像是一个庞大的生活资料储存库。这个大库房又分为若干个小仓库，每个小仓库里分别储存着您童年梦想、少年时光、青春脚印、成年往事，老年故事。我们为您设计了一个又一个通往昔日仓库的“路标”，温馨地提示您该向哪儿走，该到哪个时期了，该写哪个年代了，该想起哪件事情了。只要您沿着“路标”前行，就会在历史的时间隧道里重新找回您流逝的时光和影子，又会在不知不觉中完成一项伟大工程，完成了一部“我写我”的丰富而生动的自传体著作。我们把这项写作称之为：填空写自传，青史留后人。

现在，拿起笔来的时候，希望您一定要充满自信，像百岁挂帅的佘太君，像宝刀不老的老黄忠，打开记忆的闸门，开始您的时光倒流，将您的精神财富汇注于笔端，一往无前地写下去。

请您相信，您的这笔财富，将闪着金子般的光彩，不仅您的儿孙们需要它，实现伟大的中国梦，也同样需要它！

那么，老朋友，请——开——始吧！

写作说明

1 本书系专供老同志回忆往事、写好人生自传而设计的。共分十三个写作功能版块。每一个版块前均有写作“路标”提示，以便启发、引导作者回想起更多的记忆，生动鲜活地写好自己人生的这部书。

2 在十三个功能版块中，第一版块为“人生·成长”，要求作者以简历形式叙述往事。重点按编年形式写详细一点的履历，其中涉及的故事等不必展开讲述，可在后面版块中体现。第二个版块为“信念·追求”，以言论为主，结合实际生活谈对理想、信念的追求内涵。从第三个版块“战火·青春”开始至第十一个版块，是以讲故事、讲经历、讲来龙去脉为主。这九个版块囊括了您一生的各个阶段，通过您切身经历的人和事，再现跌宕起伏、历经艰辛、努力奋斗的一生。这些故事将为编辑部提供丰富的选题素材，是有待于开发的生活宝藏。第十二个版块为“深思·寄望”，是对自己的总结、对未来的展望、对下一代的寄托，以言论为主。第十三个版块为“爱老·敬贤”版块，由子女、亲友和单位领导们填写。

3 凡出现叙述的故事有重复、交叉的现象，可以某个合适版块的提示为主，集中笔墨于一处，不用重复写作。

4 每个版块的提示，仅供写作参考，以期让回忆更丰富一些。但不必拘泥于提示范围之内，如萌生新的内容或故事，请及时记录下来，以便充实精彩内容。

5 凡获得本书并按写作顺序填写人生经历者即为本书作者，可在本书扉页作者栏内填写您的名字，有名章者亦可签字、盖章。凡因身体、年龄、疾病等诸方面因素而不能亲自动笔者，以口述或资料形式传达他人代为填写的，仍视为口述者为本书作者，签字盖章，并在本书末注明记录者姓名。

6 写作时应很好地思索回忆。有条件的老同志，可以辅之以文史资料、笔记、日记、史志，也可以请组织部门协助查阅历史档案，抄录有关资料供本人使用。请家属、子女、亲朋好友帮助回忆，仍不失为一个好方法。

7 要有一个写作计划，勿急于求成。比如：每天何时动笔，写几个专题？每周完成多少，每月进行到哪一个章节？都要有一个初步安排，循序渐进，积沙成塔，一定能够出色地完成任务。

作者 基本信息

姓 名: 性 别:

出 生: 年 月 日

民 族: 原 籍:

离退休前职务: 政治面貌:

离退休后兼职情况: 健康状况:

学习情况: 技术职称: 特 长:

妻子姓名: 子女姓名:

通讯地址:

邮政编码: 电子邮箱:

离退休后常住地:

联系电话: （手机）

作 者 照 片

照片粘贴处

请附上说明，例如：
哪年哪个地方照的相片

青年时期照片

相关说明：

照片粘贴处

请附上说明，例如：
哪年哪个地方照的相片

老年时期照片

相关说明：

目 录

第一章
人生·成长

提示：本章是“我写我”的开篇，让我们从“童年”起步，依序进入少年、青年、成年（含中年）、老年和高龄期阶段。这六个阶段，应以青年和成年时期的详细回顾为主。青年时期，是大家投身革命（有的少年时投身革命）、经受考验、矢志报国、成长进步、建功立业、组建家庭的重要时期，是具有丰富内容的人生阶段。成年时期，则是人生工作、事业的高峰，价值取向、职业定位、迁升受禄、仕途受挫、经济环境、家庭生活以及其他种种，均在此阶段经过磨炼后定型。所以，写好成人阶段，是您自传中的出彩篇章。建议在写本章时，可请单位调阅本人档案材料，翻阅工作笔记或生活日记，**总之，调动一切文字资料，助您一臂之力。同时，应采取编年记事手法，便于梳理**往事。

童年追忆（7岁—11岁）

相关说明：

照片粘贴处

请附上说明，例如：
哪年哪个地方照的相片

照片粘贴处

请附上说明，例如：
哪年哪个地方照的相片

照片粘贴处

请附上说明，例如：
哪年哪个地方照的相片

照片粘贴处

请附上说明，例如：
哪年哪个地方照的相片

照片粘贴处

请附上说明，例如：
哪年哪个地方照的相片

照片粘贴处

请附上说明，例如：
哪年哪个地方照的相片

相关说明：

童年（含幼年）时期的家境。

童年的梦想。（提示：吃一顿饱饭，穿一件好衣服，脱离贫困或者……）

童年的启蒙教师。（提示：或许是爸爸、妈妈、祖父母，或许是有文化的人，那不经意的一句话、一个要求、一个举动对我产生的影响。举例。）

接上页。童年的启蒙教师。

照片粘贴处

请附上说明，例如：
哪年哪个地方照的相片

童年最爱听的故事、最爱唱的歌或歌谣。（故事写梗概，老歌或歌谣写词，能记住多少写多少。）

接上页。童年最爱听的故事、最爱唱的歌或歌谣。

童年的小伙伴，最爱去的地方。（提示：有几位要好的至今不忘的伙伴，他们的名字、对他们的印象，性格，难忘的故事。最喜欢去的地方——村头、河边、地头……）

童年崇拜的偶像或崇拜的人。

童年时期的其他记忆。

少年时光（12岁—17岁）

照片粘贴处

请附上说明，例如：
哪年哪个地方照的相片

照片粘贴处

请附上说明，例如：
哪年哪个地方照的相片

照片粘贴处

请附上说明，例如：
哪年哪个地方照的相片

相关说明：

相关说明：

相关说明：

少年时期的家境。梦想、理想。（某一个人、某一件事、某一本书、某一次看到外面世界所带来的希望等。）

接上页。少年时期的家境。梦想、理想。

改变命运的机会。（参加革命组织、投奔革命队伍、求学或离家闯世界。）

相关时期照片

照片粘贴处

请附上说明，例如：
哪年哪个地方照的相片

相关说明：

照片粘贴处

请附上说明，例如：
哪年哪个地方照的相片

相关说明：

照片粘贴处

请附上说明，例如：
哪年哪个地方照的相片

相关说明：

照片粘贴处

请附上说明，例如：
哪年哪个地方照的相片

相关说明：

难忘的人。（主要指革命引路人，或在您成长中有过帮助的人。）

其他影响今后人生道路的往事。

青春足迹（18岁—40岁）

照片粘贴处

请附上说明，例如：
哪年哪个地方照的相片

相关说明：

照片粘贴处

请附上说明，例如：
哪年哪个地方照的相片

相关说明：

照片粘贴处

请附上说明，例如：
哪年哪个地方照的相片

相关说明：

照片粘贴处

请附上说明，例如：
哪年哪个地方照的相片

相关说明：

照片粘贴处

请附上说明，例如：
哪年哪个地方照的相片

相关说明：

照片粘贴处

请附上说明，例如：
哪年哪个地方照的相片

相关说明：

叙述参加革命（工作、学习）经历中的几个重要阶段，简述。（如什么时间、是什么职务、在什么地方、有什么业绩？为百姓、为职工、为党的事业做出哪些奉献？ ）

接上页。叙述参加革命（工作、学习）经历中的几个重要阶段（简述）。

那时的奋斗目标。

至今想起来仍引以为自豪的贡献。（战争年代，不怕苦不怕死、指挥战斗、冲锋陷阵、伤痕累累。在各个不同战线的贡献等；和平时期，发明、创造、革命加拼命，连轴转、节假日不休息；在社会主义建设中所做出的贡献等。要有实例、故事，切忌鉴定式表述。）

接上页。至今想起来仍引以为自豪的贡献。

照片粘贴处

请附上说明，例如：
哪年哪个地方照的相片

相关说明：

接上页。至今想起来仍引以为自豪的贡献。

照片粘贴处

请附上说明，例如：
哪年哪个地方照的相片

相关说明：

青春时期的爱情观，对恋爱、交友、工作三者关系的处理？（讲一讲您恋爱的故事。）

青年时期影响自己进步的人或事。（扶持、引导、提拔自己的领导。影响自己的重要事件。）

其他要叙述的记忆。

成年往事（41岁—60岁）

相关说明：

照片粘贴处

请附上说明，例如：
哪年哪个地方照的相片

照片粘贴处

请附上说明，例如：
哪年哪个地方照的相片

照片粘贴处

请附上说明，例如：
哪年哪个地方照的相片

照片粘贴处

请附上说明，例如：
哪年哪个地方照的相片

照片粘贴处

请附上说明，例如：
哪年哪个地方照的相片

相关说明：

这时期家国大事的背景情况，对个人的影响。

接上页。这时期家国大事的背景情况，对个人的影响。

接上页。这时期家国大事的背景情况，对个人的影响。

这时期所从事的工作、担任的职务、工作简历，工作表现。

接上页。这时期所从事的工作、担任的职务、工作简历，工作表现。

接上页。这时期所从事的工作、担任的职务、工作简历，工作表现。

这时期得到的帮助和帮助过他人的记忆。

接上页。这时期得到的帮助和帮助过他人的记忆。

接上页。这时期得到的帮助和帮助过他人的记忆。

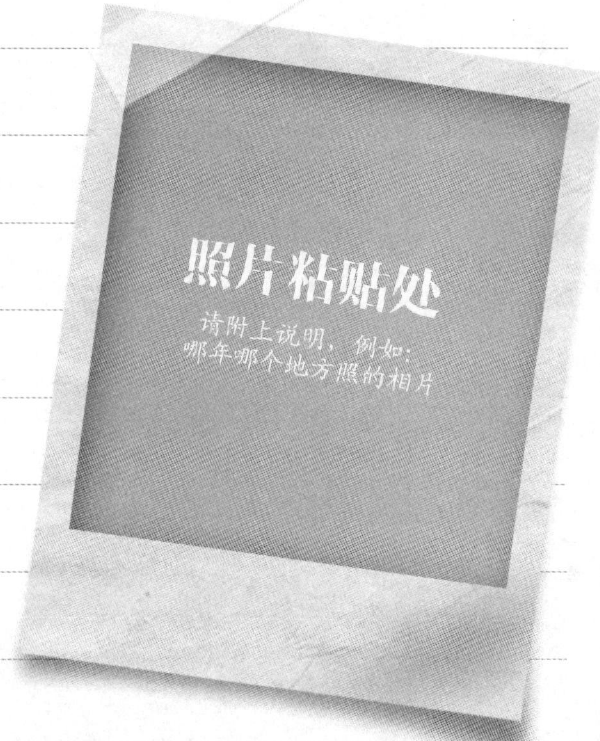

相关说明：

这时期在努力奋斗中得到的收获。（包括您遇到的挫折和教训。）

接上页。这时期在努力奋斗中得到的收获。（包括您遇到的挫折和教训。）

接上页。这时期在努力奋斗中得到的收获。（包括您遇到的挫折和教训。）

相关时期照片

照片粘贴处

请附上说明，例如：
哪年哪个地方照的相片

相关说明：

照片粘贴处

请附上说明，例如：
哪年哪个地方照的相片

相关说明：

照片粘贴处

请附上说明，例如：
哪年哪个地方照的相片

相关说明：

照片粘贴处

请附上说明，例如：
哪年哪个地方照的相片

相关说明：

其他要记录的故事。（如功成名就的沾沾自喜、骄傲自大、目空一切甚至犯了错误。或者兢兢业业，继续奋斗，直至离退休。如何处理人际关系等，举例。）

老年生活（60岁—80岁）

照片粘贴处

请附上说明，例如：
哪年哪个地方照的相片

照片粘贴处

请附上说明，例如：
哪年哪个地方照的相片

照片粘贴处

请附上说明，例如：
哪年哪个地方照的相片

照片粘贴处

请附上说明，例如：
哪年哪个地方照的相片

相关说明：

这个时期详细的生活简历。

接上页。这个时期详细的生活简历。

接上页。这个时期详细的生活简历。

怎样实现以家庭为中心的新生活？

接上页。怎样实现以家庭为中心的新生活？

是否过候鸟式养老生活？有哪些感受？

安享晚年时期的顶层设计（宏观规划）。（快乐为主？老有所为为主？扶持儿女为主？旅游为主？其他。）

您认为进入老年期有规划未来生活的必要吗？有哪些体会？

相关时期照片

照片粘贴处

请附上说明，例如：
哪年哪个地方照的相片

相关说明：

照片粘贴处

请附上说明，例如：
哪年哪个地方照的相片

相关说明：

照片粘贴处

请附上说明，例如：
哪年哪个地方照的相片

相关说明：

照片粘贴处

请附上说明，例如：
哪年哪个地方照的相片

相关说明：

是否定期参加组织生活，在原单位还是在街道？有哪些体会？您所在支部党员同志对过组织生活有哪些议论？离退休后过组织生活最大的收获是什么？

您对当前延期退休年龄的说法有何思考 ？

期颐永年（81岁至今）

照片粘贴处

请附上说明，例如：
哪年哪个地方照的相片

相关说明：

照片粘贴处

请附上说明，例如：
哪年哪个地方照的相片

照片粘贴处

请附上说明，例如：
哪年哪个地方照的相片

相关说明：

相关说明：

这时期的生活经历。

接上页。这时期的生活经历。

是依靠子女居家养老、还是在公寓养老，有哪些体会？

是否仍然过组织生活，谈谈学习体会。

每天的作息时间安排、内容。

您的养生观。（可从衣食住行、心理状态、看人看事谈起。）

相关时期照片

照片粘贴处

请附上说明，例如：
哪年哪个地方照的相片

相关说明：

照片粘贴处

请附上说明，例如：
哪年哪个地方照的相片

相关说明：

照片粘贴处

请附上说明，例如：
哪年哪个地方照的相片

相关说明：

照片粘贴处

请附上说明，例如：
哪年哪个地方照的相片

相关说明：

是否喜欢怀旧、忆旧？对自己，回忆“过五关斩六将”光辉业绩的时候，是否还有许多遗憾？当年对某人某事处理不当，或者当年应该办、有权力有能力办而因自己没有办的事，现在怎么看？对曾经影响自己成长的老电影、老图书、老歌曲、老英模还像当年一样感到亲切吗？

接上页。是否喜欢怀旧、忆旧？……

接上页。是否喜欢怀旧、忆旧？……

其他应该记录的。

接上页。其他应该记录的。

第二章
信念·追求

提示：我们这一代人，从最初追随三民主义到坚信马列主义、毛泽东思想，始终把理想、信念作为行动的准则。新中国成立后，则是看着内部文件、听着新闻联播、按照上级指示要求不断成长进步的。直到今天，虽已进入耄耋之年，仍然坚持听新闻联播、关心国家大事。本章引导您进入畅谈理想、信念的门槛儿，通过五个方面的提示，写好这方面的认识和体会。

学习生活照片

照片粘贴处

请附上说明，例如：
哪年哪个地方照的相片

相关说明：

照片粘贴处

请附上说明，例如：
哪年哪个地方照的相片

相关说明：

照片粘贴处

请附上说明，例如：
哪年哪个地方照的相片

相关说明：

照片粘贴处

请附上说明，例如：
哪年哪个地方照的相片

相关说明：

谈一谈不同年龄阶段学习马列主义、毛泽东思想对自己人生观的影响或改变。对坚定理想信念的认识。

接上页。谈一谈不同年龄阶段学习马列主义……

谈一谈改革开放之后，学习邓小平理论、三个代表重要思想、科学发展观以及构建和谐社会和实现中国梦的认识，对于紧跟时代前进步伐有哪些作用？

接上页。谈一谈改革开放之后……

谈一谈学习贯彻习近平总书记系列讲话精神的体会和思考，对老同志同党中央保持一致的认识。

接上页。谈一谈学习贯彻习近平总书记系列讲话精神的体会和思考……

谈一谈在追求信仰的努力中所感受的心路历程。如，无论成功时刻还是遭受挫折，都能够做到理想坚定；或者受到打击、迫害时，对信念彷徨、动摇。举例。

接上页。谈一谈在追求信仰的努力中所感受的心路历程……

谈一谈人为什么要有信念，她给予您什么样的精神力量。举例说明。

第三章
革命·奋斗

提示：本章的写作“路标”引导您重回难忘的战争年代。经历大革命时期的老前辈们，可以详细记录当年的艰辛；抗战时期、解放战争时期的老战士们，可以按照下面具体提示，填写您的战斗故事、奋斗经历。本章第五节：“在抗战胜利的日子里”是为2015年抗战胜利70周年征文所提前设计的小栏目，请填写生动内容。

大革命(含长征)时期

照片粘贴处

请附上说明，例如：
哪年哪个地方照的相片

相关说明：

照片粘贴处

请附上说明，例如：
哪年哪个地方照的相片

相关说明：

照片粘贴处

请附上说明，例如：
哪年哪个地方照的相片

相关说明：

大革命时期（含长征）经历的艰难困苦。

抗日战争时期

照片粘贴处

请附上说明，例如：
哪年哪个地方照的相片

相关说明：

照片粘贴处

请附上说明，例如：
哪年哪个地方照的相片

相关说明：

照片粘贴处

请附上说明，例如：
哪年哪个地方照的相片

相关说明：

抗日战争时期，我　　岁，在　　　　　　　　部队（地方）是　　　　　　　　（职务）。

“九一八”（或“七七”事变）时，您多少岁？写一写您对日本侵华最初的感受。

抗日战争时期，日本鬼子发动的侵略战争，给您那个地方、家庭和个人生活带来的遭遇。（举例）

接上页。抗日战争时期，日本鬼子发动的侵略战争……

抗战时期铭心刻骨的记忆 · 参加过的战斗（举二三个例子）。

接上页。

抗战时期铭心刻骨的记忆 · 参加过的战斗

接上页。**抗战时期铭心刻骨的记忆**·参加过的战斗（举例）。

抗战时期铭心刻骨的记忆 · 敌占区隐蔽战线的行动（举例）。

接上页。**抗战时期铭心刻骨的记忆**·敌占区隐敝战线的行动（举例）。

抗战时期铭心刻骨的记忆 · 当年您身边的抗日英雄们，他们对您的影响。

在抗战胜利的日子里（在什么地点、场合、时间知道日本投降了？当时的心情怎样？回顾抗战中自己经历的最难忘的事。要以故事体裁写出来。版面不够用，可另附纸。）

注：2015年是抗战胜利70周年纪念日，请参加过抗战的老兵们写好本节的回忆录、本书编写组拟选择优秀作品汇编成集，以示纪念。

接上页。在抗战胜利的日子里。

接上页。在抗战胜利的日子里。

解放战争时期

照片粘贴处

请附上说明，例如：
哪年哪个地方照的相片

相关说明：

照片粘贴处

请附上说明，例如：
哪年哪个地方照的相片

相关说明：

照片粘贴处

请附上说明，例如：
哪年哪个地方照的相片

相关说明：

解放战争时期，我　　　岁，在　　　　　　　　　　部队或敌占区、解放区，是　　　　　（职务）。

写一写为了新中国，您是如何南征北战的。

写一写为了新中国，您是如何奋不顾身的。

写一写为了新中国，您是如何坚守本职工作的。

写一写为了新中国，您是如何做地下工作的。（可以从自己当时从事的职业写起。）

写一写经历解放城镇、解放村庄、解放家乡的感受、人民大众的喜悦，对未来的希望。

接上页。写一写经历解放城镇、解放家乡、解放土地的感受……

当新中国成立的喜讯传来的时候，您在何地？通过什么渠道得到的（如，领导宣布，口口相传，广播报纸，光临现场，其他途径等）。要生动细致地表达当时的心情、感受，以及由此带来的动力，取得的战（成）果。

接上页。当新中国成立的喜讯传来的时候，您在何地？……

第四章
爱国·拼博

提示：本章以建国初期（前17年）叙事为主。那时候，大多数老同志风华正茂，处在大有作为的年代。在不同的岗位上，大家听党的话，服从组织分配，不怕艰难困苦，不怕流血流汗，赤胆忠心，任劳任怨，为社会主义建设、为“赶英超美”而苦干大干。请按“路标”提示，写出您当年的干劲，当年的风采，当年的精气神！

社会主义建设初期照片

照片粘贴处

请附上说明，例如：
哪年哪个地方照的相片

相关说明：

照片粘贴处

请附上说明，例如：
哪年哪个地方照的相片

相关说明：

照片粘贴处

请附上说明，例如：
哪年哪个地方照的相片

相关说明：

新中国成立之时，我　　岁，在　　　　　　省　　　　　　市（县）或　　　　　　　　　　部队，是

一名　　　　　　　　　（职务）。

叙述那个火红的年代给予您的精神力量、革命干劲。至今难以忘怀的经历。

接上页。叙述那个火红的年代给予您的精神力量、革命干劲。至今难以忘怀的经历。

在社会主义建设初期，您在本职岗位做出的成绩。举例。

接上页。在社会主义建设初期，您在本职岗位做出的成绩。举例。

相关时期照片

照片粘贴处

请附上说明，例如：
哪年哪个地方照的相片

相关说明：

照片粘贴处

请附上说明，例如：
哪年哪个地方照的相片

相关说明：

照片粘贴处

请附上说明，例如：
哪年哪个地方照的相片

相关说明：

照片粘贴处

请附上说明，例如：
哪年哪个地方照的相片

相关说明：

是否参加过抗美援朝战斗？请把这一段经历写一写。如入朝作战的心情怎样？参加了哪些战斗？经历的生死考验有哪些？经历了怎能样的艰苦生活？和朝鲜人民群众结下的友谊等。（版面不够用，可另附纸。）

接上页。是否参加过抗美援朝战斗？……

接上页。是否参加过抗美援朝战斗？……

周边、亲友和同事身边发生的大事。

接上页。周边、亲友和同事身边发生的大事。

这期间难忘的人和事。

接上页。这期间难忘的人和事。

第五章
运动·荣辱

提示：我们这一代人，对“运动”有着鲜活的经历和深刻的体会，可以说“久经考验”。运动破坏了法制，运动使一部分人蒙冤受屈，运动使大部分人噤若寒蝉，运动使经济处于崩溃边缘。“运动”实际上成了“折腾”。但当年的经历者，确曾有过革命激情，今天回味起来，给予我们的是更多的思考。

相关时期照片

照片粘贴处

请附上说明，例如：
哪年哪个地方照的相片

相关说明：

照片粘贴处

请附上说明，例如：
哪年哪个地方照的相片

相关说明：

照片粘贴处

请附上说明，例如：
哪年哪个地方照的相片

相关说明：

照片粘贴处

请附上说明，例如：
哪年哪个地方照的相片

相关说明：

您都参加过何种运动（按编年写出来）？

您参加各种运动时的角色、作用，最初对运动的认识。

运动给您的家庭、朋友、邻里、同事、上下级、自身带来哪些影响、伤害？

接上页。运动给您的家庭、朋友、邻里、同事、上下级、自身带来哪些影响、伤害？）

您有没有整过人的经历和挨人整的滋味？晚年反思“运动”，您想告诉后人什么？冤假错案得到平反后，您当时的心情怎样？想干的第一件事是什么？

接上页。您有没有整过人的经历和挨人整的滋味？……

接上页。您有没有整过人的经历和挨人整的滋味？……

第六章
改革·奉献

提示：经历十年“文革”动乱，本章引领你进入改革开放新时期。这时期，许多人已进入“知天命”或花甲之年。经历浩劫后重新回到岗位上，倍加珍惜得来不易的大好形势。面对百废待兴、百业待举的局面，您是如何发挥组织能力和创新能力，为党的事业奋力一搏的？本章为您提供了一个直抒襟怀、回望改革的平台。

照片粘贴处

请附上说明，例如：
哪年哪个地方照的相片

相关说明：

照片粘贴处

请附上说明，例如：
哪年哪个地方照的相片

相关说明：

照片粘贴处

请附上说明，例如：
哪年哪个地方照的相片

相关说明：

照片粘贴处

请附上说明，例如：
哪年哪个地方照的相片

相关说明：

党的十一届三中全会将以阶级斗争为纲转变为以经济建设为中心，您是怎么理解这个转变的？您周边的同志们呢？

接上页。党的十一届三中全会将以阶级斗争为纲……

您恢复了什么职务？重新走上岗位的精神状态如何？平反后经济损失的补偿用于何处？

接上页。您恢复了什么职务？……

您面对日益变化的改革形势，都作了哪些工作？

接上页。您面对日益变化的改革形势，都作了哪些工作？

相关时期照片

照片粘贴处

请附上说明，例如：
哪年哪个地方照的相片

相关说明：

照片粘贴处

请附上说明，例如：
哪年哪个地方照的相片

相关说明：

照片粘贴处

请附上说明，例如：
哪年哪个地方照的相片

相关说明：

照片粘贴处

请附上说明，例如：
哪年哪个地方照的相片

相关说明：

您面对洞开的世界大门，长了哪些见识，有哪些不解，对哪些东西予以抵触？

接上页。您面对洞开的世界大门，长了哪些见识，有哪些不解，对哪些东西予以抵触？

叙述改革开放时期您经历的故事。

接上页。叙述改革开放时期您经历的故事。

第七章 复兴·担当

提示：本章是专为1989年之后仍然工作在岗位上，至2013年底退休的老同志所设计的章节。这期间，我们的党、我们的国家继续沿着中国特色社会主义道路奋勇前进。作为在不同岗位工作的您，也许彼时风华正茂，也许到了“知天命”之时，大家都在为继往开来的新时期、全面建成小康社会的新年代、实现中华民族伟大复兴中国梦的新征程而倍感鼓舞，去努力奋斗，并创造出不尽相同的业绩。这一时期，是中国特色社会主义建设取得辉煌成绩、每个人都尽力发挥潜能的难忘日子，希望“年轻”的退休老同志饱蘸激情之笔，写好这一段历史。

相关时期照片

照片粘贴处

请附上说明，例如：
哪年哪个地方照的相片

相关说明：

照片粘贴处

请附上说明，例如：
哪年哪个地方照的相片

相关说明：

照片粘贴处

请附上说明，例如：
哪年哪个地方照的相片

相关说明：

照片粘贴处

请附上说明，例如：
哪年哪个地方照的相片

相关说明：

1989年7月-2002年10月期间，是我党进入继往开来的新时期，您在何地何时任何职务？处理过何种重大事件？对单位和本系统的发展做出过哪些决策和贡献？有哪些业绩？请用编年方法记录下来。

接上页。1989年7月-2002年10月期间，是我党进入继往开来的新时期……

接上页。1989年7月-2002年10月期间，是我党进入继往开来的新时期……

1992年，邓小平南巡讲话时，您在何地，是什么职务？您是如何看待这个历史转折的？

接上页。1992年，邓小平南巡讲话时……

您参加过“三讲”、“三个代表重要思想”的学习活动吗？谈谈您对学习的认识。

接上页。您参加过“三讲”、“三个代表重要思想”的学习活动吗？谈谈您对学习的认识。

2002年11月8日在党的十六届一次会议上，胡锦涛当选为中共中央总书记，中国特色社会主义事业进入全面建设小康社会新时期。

2002年11月—2012年11月，这十年间，您在何地何时任何种职务？处理过何种重大事件，对本单位和本系统发展有过哪些决策和贡献？有过哪些业绩？

接上页。2002年11月8日在党的十六届一次会议上……

您参加过保持共产党员先进性教育实践活动吗？有哪些收获？

可参考本书附录的历年大事记，查看这十年间国家发生的一系列大事件，如“非典”、奥运、汶川大地震、载人航天等等，对您和周边的人产生何种影响？

这十年间，您的家庭、子女生活状况；您所在的城乡都发生哪些变化？

谈谈您对科学发展观的认识。

2012年11月，在党的十八大一次会议上，习近平当选中共中央总书记、中央军委主席；在2013年3月，第十二届全国人大第一次会议上，习近平当选中华人民共和国主席、国家军委主席，中国特色社会主义事业进入实现中华民族伟大复兴中国梦的新时期。

请谈谈新一届领导集体率先垂范、制定改进工作作风、密切联系群众的八项规定，对当前风清气正起到哪些作用？意义如何？对于曾经喜欢公款吃喝、公款考察、公车私用的领导有哪些触动？您是否深有感受？您周边的同事、平民百姓怎么看待？ 有这方面生动的故事吗？

接上页。2012年11月，在党的十八大一次会议上……

以习近平同志为首的党中央加大反腐力度，“老虎”“苍蝇”一起打。谈谈您的感受。谈谈您接触的领导者和平民百姓对中央反腐决心的看法。

谈谈您对全面深化改革的认识。您认为难点在哪里？（结合本系统、本单位实例来谈）

新一届领导人为国操劳，做出一些重大部署。您对党风好转、改革深入进行、中华民族伟大复兴的目标，有哪些思考？

第八章
离休·退休

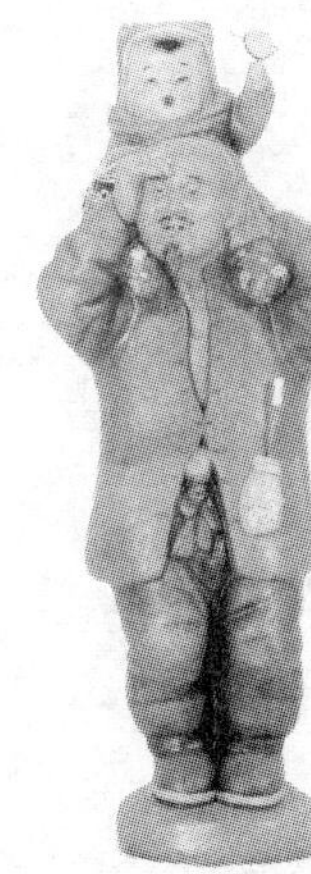

提示：对于一个长期在第一线工作岗位上勤奋耕耘的人来说，离休退休，告别所挚爱的工作岗位，无疑是人生中的重大转折。这其中，有对于建立老干部退休制度的认识，有离开岗位的感受，有观念上、行动上与现实的矛盾，特别有着某种心理阴影。本章引导您结合现实生活，谈一谈离退休后的感受，请您敞开心扉，一吐为快。我们也将选择生动的故事，刊发出来，供大家交流借鉴。

照片粘贴处

请附上说明，例如：
哪年哪个地方照的相片

相关说明：

照片粘贴处

请附上说明，例如：
哪年哪个地方照的相片

相关说明：

照片粘贴处

请附上说明，例如：
哪年哪个地方照的相片

相关说明：

照片粘贴处

请附上说明，例如：
哪年哪个地方照的相片

相关说明：

对建立老干部退休制度的认识。（由离休干部、建国前参加革命工作的老职工填写。）

对实行干部、职工退休制度的认识（由退休干部、退休职工填写）。

最初退下岗位的感受（如人际关系、上下级关系、家庭成员关系等发生哪些变化？举例。）

接上页。最初退下岗位的感受……

离退休后，最担忧的是什么？最怕的是什么？最想知道什么？最想得到什么？最忌讳的是什么？

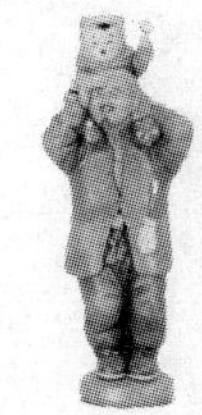

接上页。离退休后，最担忧的是什么？……

谈一谈对老年人要有尊严地活着的理解。您认为有尊严地活着应该包括哪些内容？

在现实生活中，您在观念上、行动上有哪些格格不入的地方？年轻人看您是“老一套”，您看年轻人是“一代不如一代”。您认为，哪些传统应该继承，哪些老做派应该扬弃？和儿、孙辈有过传统观念上的矛盾吗？如何化解？举例。

是否对您提拔过、重用过、帮助过的人念念不忘，希望他们涌泉相报。是否对哪些曾经鞍前马后、阿谀奉承的小人，经你提拔后，又翻脸否认您的业绩，甚至背后“整”您的人痛悔万分？从中，您认为在使用干部中，应该吸取哪些教训？举例。

接上页。是否对您提拔过、重用过、帮助过的人念念不忘，希望他们涌泉相报……)

原单位在落实离退休干部政策方面做得如何？如定期探望、交流单位发展形势、组织活动、发挥老同志作用、照顾好生活等。

接上页。原单位在落实离退休干部政策方面做得如何？……

照片粘贴处

请附上说明，例如：
哪年哪个地方照的相片

相关说明：

照片粘贴处

请附上说明，例如：
哪年哪个地方照的相片

相关说明：

照片粘贴处

请附上说明，例如：
哪年哪个地方照的相片

相关说明：

照片粘贴处

请附上说明，例如：
哪年哪个地方照的相片

相关说明：

对“五个老有”的切身体会（即老有所养、老有所医、老有所为、老有所学、老有所乐）。有哪些方面做得好，给您带来温暖；有哪些落实不到位，令您感到忧伤？

接上页。对“五个老有”的切身体会……)

是否系统学习过新颁发的老年法？认为老年法是否切实保护了老年人权益？你身边是否有违反老年法或不懂老年法而发生的事例。

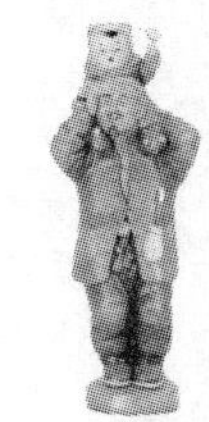

第九章
生活·情趣

本章重点请您介绍一下离退休后，您是如何摆脱不适、寻找到新的生活支点、找到新的方向和乐趣的。无论是花鸟鱼虫、琴棋书画，还是种植养殖、咨询服务，或运动健身、关心下一代等等，都可以谈一谈。特别是如何养身、保健的经验，总结出来，供大家学习交流。

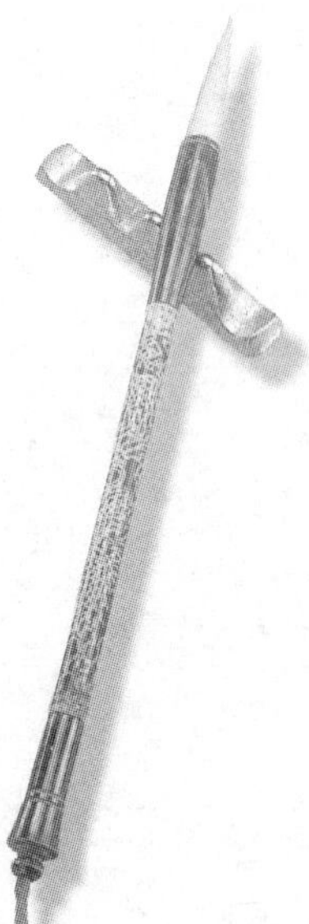

生活情趣类照片

照片粘贴处

请附上说明，例如：
哪年哪个地方照的相片

相关说明：

照片粘贴处

请附上说明，例如：
哪年哪个地方照的相片

相关说明：

照片粘贴处

请附上说明，例如：
哪年哪个地方照的相片

相关说明：

照片粘贴处

请附上说明，例如：
哪年哪个地方照的相片

相关说明：

谈谈离退休后个人、家庭衣食住行诸方面的变化和感受。

接上页。谈谈离退休后个人、家庭衣食住行诸方面的变化和感受。

您的业余爱好有哪些？离退休后，您是怎样安排好生活节奏、把业余爱好提高到一个新水平的。

是否参加老年大学，或参加其他学习、健身活动？担当什么角色？对健康起到何种作用？

有哪一项活动（或好习惯）坚持几十年不变？有哪些益处？

相关时期照片

照片粘贴处

请附上说明，例如：
哪年哪个地方照的相片

相关说明：

照片粘贴处

请附上说明，例如：
哪年哪个地方照的相片

相关说明：

照片粘贴处

请附上说明，例如：
哪年哪个地方照的相片

相关说明：

照片粘贴处

请附上说明，例如：
哪年哪个地方照的相片

相关说明：

饮食起居有哪些规律？您对健康长寿的理念能否让大家分享？

接上页。饮食起居有哪些规律？您对健康长寿的理念能否让大家分享？

第十章
家事·家风

提示：把自己知道的关于祖先的一切写在这里，如宗氏起源，族谱脉络，宗族名人，何支何脉等，予以记叙。本章重点引导你把目光投向自己最亲近的人，爷爷奶奶、父亲母亲、老伴孩子，您和他们的故事。虽然有太多的话、有太多的事，想倾诉，想述说，但又无从下笔。于是，我们为您设计了“路标”，按照引导的内容下笔，不仅能够层次分明，而且会浮想联翩。先人们的淳朴家风，实干精神，代代相传的祖训，对子孙来说都是一笔无形的财富。

全家福或家庭老照片

照片粘贴处

请附上说明，例如：
哪年哪个地方照的相片

相关说明：

照片粘贴处

请附上说明，例如：
哪年哪个地方照的相片

相关说明：

照片粘贴处

请附上说明，例如：
哪年哪个地方照的相片

相关说明：

照片粘贴处

请附上说明，例如：
哪年哪个地方照的相片

相关说明：

家族的起源（尽自己所知。）

接上页。家族的起源（尽自己所知）。

家族中的名人。

接上页。家族中的名人。

爷爷奶奶。关于对爷爷奶奶的记忆。他们的性格，他们从事的行业（含农民），他们的技能，他们的奉献，他们有多少儿女？铭记在心的有关爷爷奶奶的二三事。

接上页。爷爷奶奶。

爷爷奶奶照片

请附上说明，例如：
哪年哪个地方照的相片

相关说明：

接上页。爷爷奶奶。

父亲母亲 · 父亲母亲的基本经历。

接上页。**父亲母亲**·父亲母亲的基本经历。

父母亲照片

请附上说明，例如：
哪年哪个地方照的相片

相关说明：

父亲母亲·父亲母亲对您人生道路的影响。

接上页。**父亲母亲**·父亲母亲对您人生道路的影响。

父亲母亲 · 回忆父亲母亲二三事。

接上页。**父亲母亲**·回忆父亲母亲二三事。

老伴（文夫或妻子）·老伴的基本经历。

老伴（文夫或妻子）·怎样相识并结为夫妻的？（父母之命、媒妁之约、自由相爱、朋友介绍、以及各种奇缘、各种因由等）

老伴（文夫或妻子）·婚礼。（提示：我们这一代人，从战火硝烟中、从敌后斗争中、从艰苦环境中、从大干苦干中走过来的，很少有恋爱过程、浪漫婚礼，然而，对爱情却无比执着。回顾这一代人的婚恋观，简朴的各种各样的结婚经历，对年轻人也是一堂生动的传统的教育课。）

照片粘贴处

请附上说明，例如：
哪年哪个地方照的相片

相关说明：

照片粘贴处

请附上说明，例如：
哪年哪个地方照的相片

相关说明：

照片粘贴处

请附上说明，例如：
哪年哪个地方照的相片

相关说明：

照片粘贴处

请附上说明，例如：
哪年哪个地方照的相片

相关说明：

老伴（丈夫或妻子）·老夫老妻风雨同舟相伴相携的故事。（如，生活艰苦的时候，“运动”来临的时候，感情出现波折的时候，离退休之初失落的时候，等等，是如何相互理解、支持、温暖，给对方以力量的。）

接上页。**老伴**·老夫老妻风雨同舟相伴相携的故事。

老伴（丈夫或妻子）·孝敬老人、培养子女的故事。

（注：因丧偶续弦、离异再婚，或其他原因重新结合的夫妻，可按上述提示在本栏续写。）

子女（依次填写配偶及子女的基本信息，如：姓名、年龄、性格、学历、从事行业、职务、主要业绩等。）

子女 · 对子女成长中的印象。哺育他们成长的经历。

和子女、孙辈照片

照片粘贴处

请附上说明，例如：
哪年哪个地方照的相片

相关说明：

照片粘贴处

请附上说明，例如：
哪年哪个地方照的相片

相关说明：

照片粘贴处

请附上说明，例如：
哪年哪个地方照的相片

相关说明：

照片粘贴处

请附上说明，例如：
哪年哪个地方照的相片

相关说明：

照片粘贴处

请附上说明，例如：
哪年哪个地方照的相片

相关说明：

子女 · 与子女在思想观念上的冲突（举例）。

子女·能“常回家看看”吗？对反哺老人的行动有哪些？

子女 · 子女对老人财产的态度。

相关时期照片

照片粘贴处

请附上说明，例如：
哪年哪个地方照的相片

相关说明：

照片粘贴处

请附上说明，例如：
哪年哪个地方照的相片

相关说明：

照片粘贴处

请附上说明，例如：
哪年哪个地方照的相片

相关说明：

照片粘贴处

请附上说明，例如：
哪年哪个地方照的相片

相关说明：

孙辈儿（依次填写孙子、孙女、外孙子、外孙女的基本信息，如姓名、年龄、性格、学龄、工龄、成绩）

孙辈儿·我对孙辈儿所尽的义务。（如帮助儿女照料家务或接送孩子；资金、物质上的帮助等。）

孙辈儿 · 享受天伦之乐的感受。

祖训、家风

祖训：

一贯提倡的家风：

其他值得后人继承的好传统、好作风：

第十一章
思乡·怀旧

提示：本章是对“根”的回忆。人到老年，思乡怀旧的情绪浓烈。“少小离家老大回”，是这种思绪的表达。本章引导您重新回到家乡，回忆那山、那水、那小路、那老屋、那些慈爱的长者、那些童年的伙伴，还有故乡的今昔变化。人到老年，有一个特点是“记远不记近、儿子不亲孙子亲”，越是遥远的事，特别是故乡的故事，您一定能够写得情真意切，韵味绵长。

故乡新旧对比照片

老照片粘贴处

请附上说明，例如：
哪年哪个地方照的相片

相关说明：

新照片粘贴处

请附上说明，例如：
哪年哪个地方照的相片

相关说明：

故乡的概貌

● 故乡的名称及位置(省、市[地]、县、镇、村)

● 故乡的历史沿革及行政区划

● 故乡的名胜风光

● 故乡的风土人情（传统风俗、婚丧嫁娶、其他有特色的习俗等）

● 故乡的特产

接上页。故乡的概貌。

接上页。故乡的概貌。

故乡的变迁·儿时对故乡的记忆，现在故乡的面貌。

接上页。儿时对故乡的记忆，现在故乡的面貌。

故乡的变迁·儿时故乡人的衣食住行状况，现在的变化。

接上页。儿时故乡人的衣食住行状况，现在的变化。

故乡的变迁·儿时农村基层组织形式，经历几次变化？（如：农村曾经经历土地革命，分田分地，建国后的互助组、合作社、人民公社、联产承包、新型合作社，以及正在进行的新一轮土地制度改革等）这些，给农业、农村、农民带来什么样的变化？

接上页。儿时农村基层组织形式，经历几次变化？

故乡的故事

● 久远的历史故事、歌谣

● 土地革命、抗日、解放战争时期流传的故事、歌谣

● 新中国成立后发生的故事、歌谣

● 故乡知名人物、英雄模范人物（可扩展到县域）

接上页。故乡的故事。

接上页。故乡的故事。

接上页。故乡的故事。

相关时期照片

照片粘贴处

请附上说明，例如：
哪年哪个地方照的相片

相关说明：

照片粘贴处

请附上说明，例如：
哪年哪个地方照的相片

相关说明：

照片粘贴处

请附上说明，例如：
哪年哪个地方照的相片

相关说明：

照片粘贴处

请附上说明，例如：
哪年哪个地方照的相片

相关说明：

拳拳赤子心·所思所想的亲朋故交。

拳拳赤子心·对故乡的贡献。

拳拳赤子心·重返故乡的感受。

第十二章
深思·寄望

提示：通过对人生道路各个阶段的梳理，对自己走过来的道路有了更清晰的脉络，同时，在回顾中感知人生，在感知中沉淀思考。本自传结束之时，请您思考并填写如下内容：

相关时期照片

照片粘贴处

请附上说明，例如：
哪年哪个地方照的相片

相关说明：

照片粘贴处

请附上说明，例如：
哪年哪个地方照的相片

相关说明：

照片粘贴处

请附上说明，例如：
哪年哪个地方照的相片

相关说明：

照片粘贴处

请附上说明，例如：
哪年哪个地方照的相片

相关说明：

写下您对自己的人生总结。

写下您对子女的嘱托、希望。

接上页。写下您对子女的嘱托、希望。

写下您对党、对祖国、对未来的期望。

第十三章
爱老·敬贤

提示：本章是专门为作者子女、亲朋好友设计的空间。在撰写本书的过程中，许多子女会帮助查找资料，追忆往事，对父辈的历史和经历，有了更深的了解。结合父母对自己的言传身教，对自己的无形影响，对自己长大成人的哺育之恩，请谈谈你眼中的父母，谈谈你记忆中的父母往事，以作为这本自传的补充。亲属和老友也可以谈谈你印象中的作者，你们之间的故事。

成卷之后，请离退休部门领导或原单位领导给予积极评价，划上一个圆满的句号。

子女陪伴父母照片

照片粘贴处

请附上说明，例如：
哪年哪个地方照的相片

相关说明：

照片粘贴处

请附上说明，例如：
哪年哪个地方照的相片

相关说明：

照片粘贴处

请附上说明，例如：
哪年哪个地方照的相片

相关说明：

照片粘贴处

请附上说明，例如：
哪年哪个地方照的相片

相关说明：

子女、晚辈阅读本文后，对父辈的评价。

写给我们的父亲母亲。（通过阅读本书，唤起对父母的回忆，本节记录子女对父母的哺育之恩的回顾，对父母言传身教的印象。应以一个一个感人故事写起。）

接上页。写给我们的父亲母亲。

接上页（写给我们的父亲母亲。）

亲朋好友的评价、回顾。

接上页。亲朋好友的评价、回顾。

本人所在的离退休工作部门及领导对作者的评价、回顾。

接上页。本人所在的离退休工作部门及领导对作者的评价、回顾。

领导看望
老同志的照片

请附上说明，例如：
哪年哪个地方照的相片

相关说明：

为你点赞　为你助力

老同志自传体作品后续安排致读者

终于，我们历经了人生的各个不同成长阶段，回顾了战火硝烟的年代，追忆了建国初期的火热生活，沉淀了运动时期带来的荣辱得失，再次体验了改革开放带来的观念更新，祖国巨变，又一次焕发了开创人生第二个春天的激情。

在写作的日子里，许多参与者来信、来电话，叙述他们沿着写作“路标”，投身于写作自传的酸甜苦辣之中，那些久远的、藏在历史深处的故事，那山、那水、那人、那事，常常陡然闯入眼帘，清晰可辨，亲切无比；有时，又令他们彻夜难眠，思绪万千。在追忆、回味、思索和再现过程中，他们把人生的经历变化成可供阅读、赏析和传承的文学作品，这是馈赠子孙、晚辈、后来人的一笔厚重的精神财富。

我们向老年朋友，向写成自传作品的作者致以崇高的敬礼。

你们的辛勤付出，为下一代、为“百年树人”起到薪火相传、生生不息的作用，是值得学习的榜样。

为了配合这次写作活动，华龄出版社《老同志参考资料》编辑部、《老干部参考网》编辑部特作如下稿约：

❶ 关于抗日战争经历部分，可按书中提示，把最精彩的章节复印后寄编辑部，也可以传电子版（若有图片需要再单独提供一份JPG格式的图片的电子文件，可以让子女帮忙扫描）。

❷ 关于离休退休后的感受部分，请把体验最深刻的章节复印后寄编辑部，也可传电子版（若有图片需要再单独提供一份JPG格式的图片的电子文件，可以让子女帮忙扫描）。

❸ 凡已按“路标”计划完成自传体写作任务的作者，如愿意向编辑部展示成果请发电子版，老干部参考网将无偿为大家开辟专栏刊登你的自传。（请子女安排扫描，制作电子邮件发来）。如愿意以此为基础，经充实后出版个人传记作品，请电话或书信联系。

❹ 凡希望编辑部帮助审阅作品的作者，务请事先联系。因审稿量过大，需安排好时间。为避免原作品丢失，务请一律寄作品的复印件。

❺ 按稿件质量，编辑部拟根据“我写我”中的丰富内容，策划出专题，并在适当时机择优汇编成书，以飨读者。请在来稿中注明是否同意日后出版，若未注明则视为同意，汇编成书前不再特别通知。

联系人：张惠军，徐国华，王雪艳　　电话：010-68169478；010-68275699

地址：北京市海淀区万寿路西街七号　　《老同志参考资料》编辑部　　邮编：100036

写作参考：编年大事记

提示：为了更好地引导作者回顾不同历史时期、不同年代所经历的事，我们特编辑整理出相关时期的党和国家大事记，作为背景材料，供写作参阅。

1921年以前发生的大事记

●1911年10月10日，武昌起义爆发。

●1912年2月12日，清帝溥仪宣布退位。

●1912年8月25日，中国国民党成立，大会选举孙中山为理事长，通过《政见宣言》。

●1912年3月10日，袁世凯就任临时大总统。

●1914年：奥匈皇储遇刺，第一次世界大战爆发。

●1915年：日本企图控制中国领土、政治、军事、财政，逼迫袁世凯接受了“二十一条”。唐继尧、蔡锷等在云南宣布独立，护国战争爆发。

●1916年6月6日袁世凯病死。

●1917年俄国爆发十月革命。

●1919年5月4日，“五四”爱国运动爆发。

1921年至1931年大事记

●1921年中国共产党第一次全国代表大会在上海召开：共13人出席，通过了党的纲领和决议，选举陈独秀为总书记。

●1923年2月1日，京汉铁路工人大罢工，遭镇压造成惨案。

●1924年1月20～30日，中国国民党第一次全国代表大会在广州召开。通过此次大会，联俄、联共、扶助农工三大政策成为国民党的基本政策。

●1924年11月5日，末代皇帝溥仪被逐出皇宫。

●1925年3月12日，孙中山在北京逝世。

●1925年5月30日，“五卅”惨案发生。

●1926年7月9日，国民革命军誓师北伐。

●1927年4月12日，国民党新右派在上海发动“四一二”反革命政变。

●1927年8月1日，八一南昌起义。

●1928年4月28日，井冈山会师。毛泽东率领的秋收起义部队与朱德、陈毅领导的湘南起义和贺龙领导的南昌起义部分部队在井冈山的胜利会师，是中国人民解放军建军史上的重要历史事件。

●1928年6月4日，张作霖在沈阳皇姑屯被日本人炸死。

●1928年12月29日，东北易帜。

●1931年2月，蒋介石发动了对红军的第二次围剿。最终红军反围剿成功。

抗日战争时期大事记

●1931年9月18日夜，“九一八”事变，又称奉天事变。

●1932年1月，日军进攻上海，淞沪抗战爆发。

●1933年9月25日，中国工农红军第一方面军在江西南部、福建西部反对国民党军第五次“围剿”的战役开始。

●1934年8月2日，阿道夫•希特勒被任命为德国首领 。

●1934年10月10日，中国工农红军开始长征。

●1935年1月15日，中共中央政治局在遵义召开扩大会议，确立了毛泽东的领导地位。

●1935年9月16日，红二十五军长征到达陕北。

●1935年12月9日，“一二•九”运动爆发。

●1936年12月7日，红一、二、四方面军胜利会师后，统一的中央革命军事委员会组成，毛泽东任主席 。

●1936年12月12日，西安事变。

●1937年7月7日夜，日军向卢沟桥一带中国军队开火，中国守军第29军予以还击。全面抗日战争开始，史称“七七”事变。

●1937年8月25日，中国红军改为国民革命军第八路军，朱德任总司令。

●1937年9月25日，八路军一一五师在平型关伏击日军，歼敌一千余人，史称平型关大捷。

●1937年12月13日，国民政府首都南京沦陷。日军攻入南京城，开始了人类历史上最惨无人道。长达六个星期的南京大屠杀。在整个南京大屠杀期间，共计30万人被杀，南京城三分之一建筑被烧毁，8万妇女遭到强奸。

●1938年4月3日，国民党临时全国代表大会推举蒋介石任国民党总裁，代行总理职权。

●1938年4月6日，台儿庄会战中国告捷。

●1939年4月4日，陕甘宁边区政府公布《土地条例》。

●1939年9月1日，德国闪击波兰，第二次世界大战在欧洲爆发。

●1940年8月20日，百团大战，至12月5日止，中国共产党八路军在华北地区与日军作战。

●1941年1月4日，皖南事变。1月20日，中共中央革命军事委员会发布命令，宣布重建新四军军部。

●1941年12月7日，珍珠港事件：日本皇家海军偷袭珍珠港，太平洋战争爆发，美国对日宣战。

●1941年12月9日，中华民国政府正式对日本国宣战。

●1942年5月，毛泽东发表延安文艺座谈会上的讲话，包括5月2日所作引言和5月23日所作结论两部分。

●1942年 5月1日，日军开始“五一”大扫荡，实行“三光政策”。

●1943年7月5日，王稼祥发表《中国共产党与中国民族解放的道路》，纪念共产党成立22周年和抗战6周年。在这篇文章里，王稼祥率先提出了“毛泽东思想”的概念。

●1944年9月5日，张思德同志牺牲，毛泽东发表《为人民服务》。

●1945年2月4日—2月11日，第二次世界大战：雅尔塔会议签订《雅尔塔协定》。4月25日，苏军与美军在易北河会师。4月28日，墨索里尼被处决。4月30日，苏军占领柏林。希特勒自杀身亡。

●1945年8月8日，苏联对日本宣战。

●1945年8月15日，日本法西斯宣布无条件投降。

解放战争时期大事记

●1945年8月28日，重庆谈判。

●1946年6月26日，国民党军进攻中原解放区，中国内战开始。

●1947年3月13日，国民党进攻延安，中共中央开始转战陕北。

●1947年6月，刘邓大军挺进中原，揭开了人民解放军战略进攻序幕。

●1947年11月6日，石家庄解放,成为中国第一个解放的城市。

●1948年9月12日，辽沈战役开始，11月2日结束。

●1948年11月6日，淮海战役开始，11月22日第一阶段战役结束，我军获得大胜。

●1948年11月12日，东京国际法庭判处七名日本战犯死刑。

●1948年12月5日，平津战役开始。

●1949年2月3日，中国人民解放军在北平举行了盛大入城式。

●1949年3月23日，中共中央迁入北平。

●1949年4月21日，毛泽东、朱德发布向全国进军的命令。4月23日，解放军占领南京。

●1949年7月16日，国民党大部撤退至台湾。

●1949年9月23日，苏联试爆第一颗原子弹成功。

社会主义建设初期大事记

●1949年10月1日，中华人民共和国成立，在北京天安门举行开国大典。

●1950年6月25日，朝鲜战争开始。

●1950年10月8日，彭德怀被任命为中国人民志愿军司令员兼政治委员。

●1950年10月10日，中共中央发出《关于镇压反革命活动的指示》。

●1950年10月19日，美军攻占平壤；中国人民志愿军跨过鸭绿江进入朝鲜境内。

●1950年10月25日，中国人民志愿军抗美援朝第一次战役。11月25日—12月24日，中国人民志愿军抗美援朝第二次战役。12月31日—1951年1月8日，中国人民志愿军抗美援朝第三次战役。

●1951年1月25日，中国人民志愿军抗美援朝第四次战役。

●1951年4月22日，中国人民志愿军抗美援朝第五次战役。

●1951年5月23日，中央人民政府和西藏地方政府《关于和平解放西藏办法的协议》（即“十七条协议”）在北京签字。

●1951年7月10日，朝鲜战争停战谈判在开城举行。

●1951年10月26日，人民解放军进藏部队胜利进抵拉萨。

●1952年1月26日，中共中央开展“三反”、“五反”运动。

●1952年2月10日，建国后首起高官贪污犯刘青山、张子善被处决。

●1952年5月24日，开始大规模扫盲运动。

●1953年1月5日，中共中央发出《关于反对官僚主义、反对命令主义和反对违法乱纪的指示》。

●1953年3月5日，斯大林逝世。

●1953年6月15日，毛泽东在中央政治局扩大会议上第一次对党在过渡时期的总路线和总任务的内容作了比较完整的表述。

●1953年7月27日，朝鲜停战协定在板门店正式签字。

●1953年12月16日，中共中央作出《关于发展农业生产合作社的决议》。

●1953年12月31日，周恩来在同印度政府代表团谈话时，首次提出了国家之间和平共处的五项原则。

●1954年9月15日，第一届全国人民代表大会第一次会议于15日至28日在北京召开。

●1954年12月25日，康藏公路与青藏公路全线通车。

●1955年4月11日，发生“克什米尔公主号”事件。

●1955年5月14日，成立华沙条约组织。是东欧社会主义阵营为对抗北大西洋公约组织而成立的政治军事同盟。1991年7月1日，华沙条约组织正式解散。

●1955年9月27日，中华人民共和国元帅授衔典礼，朱德、彭德怀等十人被授予中华人民共和国元帅军衔。

●1956年2月14日，在苏共第二十次代表大会期间，赫鲁晓夫作了反斯大林的秘密报告。

●1956年4月25日，毛泽东作《论十大关系》讲话。

●1956年4月28日，中共中央政治局扩大会议提出百花齐放百家争鸣方针。

●1956年6月21日，中国政府宽大释放第一批日本战犯。

●1956年9月15日，中国共产党第八次全国代表大会在北京召开。

●1957年6月8日，中共中央发出毛泽东起草的《关于组织力量准备反击右派分子进攻的指示》，展开大规模的反右斗争。

●1957年11月13日，《人民日报》发表题为《发动全民，讨论四十条纲要，掀起农业生产的新高潮》社论。文章最早提出了“大跃进”的口号。

●1958年2月12日，中共中央号召全国“除四害”。

●1958年3月27日，赫鲁晓夫接任苏联总理，同时继续担任苏共第一书记。

●1958年8月17日，中共中央开展了全民大炼钢铁运动。

●1959年3月17日，第十四世达赖喇嘛逃离西藏，开始流亡印度。

●1959年4月18日—28日，二届全国人大一次会议在北京召开，会议选举刘少奇为国家主席。

●1959年7月——庐山会议。14日，彭德怀呈毛泽东万言书。

●1959年9月25日，中国发现大庆油田。

●1960年是三年自然灾害比较严重的一年。

●1960年6月21日，苏共致书攻击中共。

●1960年11月3日，中共中央发出《关于人民公社当前政策问题的紧急指示》，纠正了“一平二调”允许有少量的自留地。

●1961年1月14日—18日，中共八届九中全会在北京召开，鉴于国民经济面临的严重困难，决定从1961年起采取“调整、巩固、充实、提高”的八字方针。

●1961年3月15日—23日　中央工作会议召开。毛泽东主持了会议。会议讨论和通过了《农村人民公社工作条例（草案）》（即“农业六十条”）。

●1962年1月11日—2月7日，中共中央在北京召开了由县委书记以上七千多干部参加的扩大的中央工作会议，史称“七千人大会”。

●1962年9月24日—27日，中国共产党八届十中全会在北京举行，错误地批判单干风、翻案风。

●1962年10月20日，中国对印度开展自卫还击战。11月21日结束。

●1963年3月1日，中共中央发布了关于在全国开展“五反”运动的指示（即“新五反”）。

●1963年3月5日，毛泽东、刘少奇、周恩来等领导人为雷锋同志题词，确定每年这一天为“学雷锋纪念日”。

●1963年4月25日，国防部授予驻上海某部八连以“南京路上好八连”的光荣称号。

●1963年7月14日，苏共中央发表《给苏联各级党组织和全体共产党员的公开信》，由此，中苏两党开始公开论战。

●1963年9月6日－27日，中共中央工作会议在北京举行。会议制定了《中共中央关于农村社会主义教育运动中一些具体政策的规定》（草案）（即后十条）。

●1964年2月5日，中共中央发出通知，号召全国其他部门学习大庆油田的经验。此后全国工业交通战线兴起了学习大庆经验的运动，大庆也成了中国工业战线的一面旗帜。

●1964年2月10日，《人民日报》刊登了通讯报道《大寨之路》，并发表社论《用革命精神建设山区的好榜样》，此后，全国兴起了“农业学大寨”运动。

●1964年10月15日，苏共第一书记赫鲁晓夫被解职。

●1964年10月16日，中国第一颗原子弹引爆成功。

●1965年6月1日，中国人民解放军正式取消军衔制，换发1965式军服，该军服沿用至1985年5月1日。

●1965年7月20日，李宗仁和他的夫人回国，周恩来到机场迎接。

●1966年3月8日5时29分14秒，河北省邢台发生6.8级的大地震。3月22日16时，该地区又发生震级为7.2级的大地震，震中烈度10度。

无产阶级文化大革命时期大事记

●1966年5月16日，中共中央政治局扩大会议发布《“五一六”通知》，提出清除混进党内的资产阶级代表人物。无产阶级文化大革命开始进行。

●1966年6月1日，《人民日报》发表社论，号召群众起来“横扫一切牛鬼蛇神”。同日，北京大学聂元梓等人写的诬陷、攻击北京大学党委和北京市委的一张大字报，经毛泽东批准，向全国广播。

●1966年6月4日，《人民日报》公布中共中央关于改组北京市委的决定。

●1966年5月29日，清华附中首次出现红卫兵。毛泽东从1966年8月18日开始，连续八次检阅超过1000万红卫兵队伍。

●1966年8月5日，毛泽东写了《炮打司令部——我的一张大字报》。

●1966年8月8日，中共八届十一中全会通过 《中国共产党中央委员会关于无产阶级文化大革命的决定》，即《十六条》。

●1967年1月5日，上海一月风暴，造反派开始在全国范围内夺权。

●1967年2月16日，谭震林、李先念、叶剑英等大闹怀仁堂，与林彪、江青一伙作斗争，史称“二月逆流”。

●1967年6月17日，中国成功试爆第一枚氢弹。

●1967年7月22日，江青对河南一群众组织代表团讲话，以“文攻武卫”的口号煽动武斗。

●1968年8月25日，中共中央、国务院、中央军委、中央文革小组发出《关于派工人宣传队进学校的通知》。

●1968年9月7日，两报一刊社论，热烈欢呼全国各省、市、自治区革命委员会成立。

●1968年10月13日—10月31日，中共第八届扩大的十二中全会在北京举行。在极不正常情况下，全会批准了《关于叛徒、内奸、工贼刘少奇罪行的审查报告》，做出了把刘少奇“永远开除出党，撤销其党内外一切职务”的错误决定。

●1969年3月2日，中苏在珍宝岛发生武装冲突。

●1969年4月1日—4月24日，中国共产党第九次全国代表大会在北京召开，宣布林彪为党的接班人。

●1969年11月12日，国家主席刘少奇含冤去世。

●1970年4月24日，东方红一号发射首枚人造卫星上天。

●1971年2月28日，中共中央批转中央机关“五•七”干校会议领导小组《关于进一步办好中央机关“五•七”干校的报告》。

●1971年4月10日，中美开始“乒乓外交”。

●1971年7月9日，基辛格秘密访华，双方就尼克松总统访华一事达成了协议。

●1971年8月14日，毛泽东去南方各地巡视。

●1971年9月13日，林彪乘机外逃，飞机坠毁在外蒙温都尔汗。

●1971年10月25日，联合国大会第26届会议以76票赞成、35票反对、17票弃权的压倒多数，通过了恢复中华人民共和国在联合国的一切合法权利 。

●1972年2月21日至28日，美国总统尼克松访问中国，并在上海发表中美双方联合公报（即上海公报）。

●1972年9月25日，日本首相田中角荣访问中国。9月29日，中日两国政府联合声明在北京签字，宣布了中日邦交正常化。

●1973年1月23日，美国总统尼克松宣布已达成越南战争停战协议。

●1973年3月10日，中共中央同意正式恢复邓小平的工作。

●1973年7月19日，《辽宁日报》发表《一份发人深省的答卷》和张铁生的一封信。

●1973年8月20日，中共中央决定永远开除林彪及其反革命集团主要成员的党籍，撤消他们党内外的一切职务。

●1973年8月24日—28日，中共第十次代表大会在北京召开，王洪文当选中央副主席，江青、张春桥、姚文元、王洪文在中央政治局结成了“四人帮”。

●1974年1月19日，中国派出海军参加西沙群岛保卫战。

●1974年3月，秦始皇陵兵马俑横空出世。

●1974年10月17日，“四人帮”在中央政治局会议上攻击邓小平。18日，王洪文到长沙，向毛泽东告周恩来和中央其他领导的状，毛泽东批评了四人帮。

●1975年1月5日，中共中央任命邓小平为中共中央军委副主席兼中国人民解放军总参谋长。

●1975年1月13日—1月17日，第四届全国人民代表大会第一次会议在北京举行。选举朱德为全国人大常委会委员长；周恩来为国务院总理，邓小平等人为国务院副总理，挫败“四人帮”组阁的阴谋。

●1975年4月5日，蒋介石因病在台北逝世，享年88岁。

●1975年7月以来，邓小平整顿国民经济，经济形势全面好转。

●1975年11月3日，毛泽东对清华大学党委副书记刘冰等人的信件批示，并开始所谓的“反击右倾翻案风”运动，并一直延续到1976年春天。不点名批判邓小平，全国再度紊乱。

●1976年1月8日，周恩来总理逝世。

●1976年4月5日，天安门四五运动爆发。

●1976年4月7日，中央政治局通过华国锋任中共中央第一副主席兼国务院总理的决议。

●1976年7月6日，朱德委员长逝世。

●1976年7月28日，河北唐山发生7.8级大地震。

●1976年9月9日，毛泽东主席逝世。

●1976年10月6日，中共中央对“四人帮”实行隔离审查，标志着延续十年之久的“文化大革命”的结束。

●1977年3月10日—22日，中共中央召开工作会议，初步总结了粉碎“四人帮”以来的工作，并部署了当年的工作任务，揭开了拨乱反正序幕。

拨乱反正时期大事记

●1977年7月16日，中国共产党第十届三中全会在北京召开，会议决定永远开除“四人帮”的党籍，撤销其党内外一切职务。全会通过关于追认华国锋任中共中央主席、中央军委主席的决议；关于恢复邓小平领导职务的决议；关于王洪文、张春桥、江青、姚文元反党集团的决议；关于提前召开党的第十一次全国代表大会的决议。

●1977年8月12日—18日，中国共产党第十一次全国代表大会在北京举行。

●1977年10月21日，决定恢复高考制度。

●1977年12月10日，中共中央任命胡耀邦为中央组织部部长。

●1978年 3月18日，邓小平在全国科学大会上发言指出“科学技术是生产力”。

●1978年5月11日，《光明日报》刊文《实践是检验真理的唯一标准》。

●1978年12月16日，中美两国发表联合公告，决定建立外交关系。

改革开放新时期大事记

●1978年12月18日—22日，中共十一届三中全会在北京举行，全会决定把全党的工作重点转移到社会主义现代化建设上来。

●1978年12月20日，中共中央在北京为彭德怀、陶铸举行追悼大会。

●1978年冬，小岗村18位农民以“托孤”的方式，冒险在土地承包责任书按下鲜红手印，实施了“大包干”。

●1979年2月17日，中国对越南侵略者开展自卫反击战。

●1979年8月26日，深圳市境内划出327.5平方公里地域设置经济特区。

●1979年11月26日，邓小平首次提出社会主义也可以搞市场经济的观点。

●1980年2月23日—29日，中共十一届五中全会在北京举行。全会通过《关于为刘少奇同志平反的决议》，恢复刘少奇作为伟大的马克思主义者和无产阶级革命家、党和国家的主要领导人之一的名誉。

●1980年5月17日，刘少奇追悼大会在北京举行。

●1980年11月10日—12月5日，中央政治局扩大会议在北京召开，同意华国锋辞去中央委员会主席职务。

●1980年11月20日—1981年1月25日最高人民法院特别法庭对林彪、江青反革命集团进行审判。

●1981年1月4日，长江葛洲坝截流工程合龙。

●1981年5月29日，宋庆龄逝世，享年88岁。

●1981年6月27日，中国共产党通过《关于建国以来党的若干历史问题的决议》，正式否定文化大革命。

●1981年6月29日，胡耀邦任中共中央主席。

●1981年8月26日，邓小平首次提出“一国两制”。

●1982年2月20日，中共中央作出《关于建立老干部退休制度的决定》。

●1982年7月1日，第三次人口普查表明中国人口超过十亿。

●1982年9月1日—11日，中国共产党第十二次全国代表大会在北京举行。邓小平致开幕词，第一次提出了“建设有中国特色的社会主义”这一崭新的命题。

●1982年11月26日—12月10日，五届全国人大五次会议举行。彭真作关于宪法修改草案的报告。会议通过了修改后的《宪法》。

●1982年12月3日，中共中央、国务院批转《当前试办经济特区工作中若干问题的纪要》，肯定了试办特区三年来的成绩。

●1983年1月2日，中共中央发出《当前农村经济政策的若干问题》的文件，肯定联产承包制是在党的领导下我国农民的伟大创造。

●1983年1月12日，邓小平提出允许一部分人先富起来。

●1983年2月12日，中央电视台首届春节联欢晚会直播。

●1983年6月4日—22日，全国政协六届一次会议举行，选举邓颖超为全国政协主席。

●1983年6月6日—21日，六届全国人大一次会议举行，选举李先念为中华人民共和国主席。

●1984年5月4日，我国14个沿海港口城市对外开放。

●1984年7月28日，第二十三届夏季奥运会在洛杉矶开幕。7月29日，中国射击运动员许海峰在第二十三届奥运会上为中国夺得第一块金牌。

●1984年10月1日，中华人民共和国成立三十五周年，在天安门广场举行盛大的国庆阅兵和群众游行，北京大学生第一次亮出“小平您好”的条幅。

●1984年10月20日，中国共产党十二届三中全会在北京举行。会议一致通过《中共中央关于经济体制改革的决定》。

●1985年1月21日，第六届全国人大常委会第九次会议做出决议，将每年的9月10日定为中国的教师节。

●1985年3月11日，戈尔巴乔夫当选为苏共中央总书记。

●1985年6月4日，中央军委主席邓小平宣布中国政府裁军100万。

●1986年1月17日，邓小平在中共中央政治局常委会上讲话，指出，抓精神文明建设，抓党风、社会风气好转，必须狠狠地抓，一天不放松地抓，从具体事件抓起。

●1986年3月3日，著名科学家王大珩、王淦昌、陈芳允、杨嘉墀上书中共中央，提出发展高技术的建议。11月18日，中共中央、国务院转发《高技术研究发展计划纲要》。该计划后被称为“八六三”计划。

●1986年4月26日，当地时间1点24分，前苏联基辅州靠近白俄罗斯边界的普里皮亚特市的切尔诺贝利核能发电厂发生严重泄漏及爆炸事故，事故共造成31名工作人员死亡，数千人受到强核辐射，数万人撤离，对欧洲环境造成了深远影响。

●1986年10月22日，叶剑英委员长在北京逝世，享年89岁。

●1987年1月16日，中共中央政治局召开扩大会议。会议决定，同意胡耀邦辞去党中央总书记职务的请求，推选赵紫阳代理党中央总书记。

●1987年5月6日—6月2日，黑龙江大兴安岭地区发生特大森林火灾。这是建国以来最大、损失最严重的森林火灾。

●1987年10月25日—11月1日，中国共产党第十三次全国代表大会举行。赵紫阳作《沿着有中国特色的社会主义道路前进》的报告。报告阐述了社会主义初级阶段理论，提出了党在社会主义初级阶段的“一个中心、两个基本点”的基本路线，制定了到下世纪中叶分三步走、实现现代化的发展战略，并提出了政治体制改革的任务。

●1988年1月14日，中共中央致电国民党中央，吊唁于13日病逝的中国国民党主席蒋经国。中共中央负责人发表谈话，重申和平统一祖国的方针不变。

●1988年7月，国民党召开“十三大”，把其政策重点从“反共复国”转变成“偏安等待”。

●1988年9月14日，中央军委举行授予中国人民解放军上将军官军衔仪式，有17名高级军官被授予上将军衔。

●1989年4月15日，胡耀邦同志逝世，享年73岁。

●1989年5月16日上午，中共中央军委主席邓小平和苏联最高苏维埃主席团主席、苏共中央总书记米哈伊尔•戈尔巴乔夫宣布，中苏两国关系实现了正常化。

●1989年春夏之交，中国发生了一场政治风波，于6月4日平息。

继往开来新时期大事记

●1989年6月23日—24日，中共十三届四中全会召开，撤销赵紫阳党内一切领导职务，选举江泽民为中央委员会总书记。

●1989年9月29日，庆祝中华人民共和国成立40周年大会举行，江泽民发表讲话，全面阐述邓小平关于建设有中国特色的社会主义理论的指导意义。

●1989年11月6日—9日，中共十三届五中全会召开，通过《中共中央关于进一步治理整顿和深化改革的决定》。同意邓小平辞去中央军委主席职务，决定江泽民任中央军委主席。

●1990年2月2日，苏联共产党放弃一党制。

●1990年3月12日，中共中央举行第十三届六中全会，全会通过了《中共中央关于加强党同人民群众联系的决定》。

●1990年3月20日—4月4日，七届全国人大三次会议召开，通过《关于设立香港特别行政区的决定》、《中华人民共和国香港特别行政区基本法》等。

●1990年4月18日，中共中央、国务院同意上海市加快浦东地区的开发。

●1990年10月3日，东德与西德合并。

●1991年1月17日，海湾战争爆发。

●1991年2月26日，北京市人民政府向中国奥委会提交了《举办2000年第27届奥林匹克运动会申请书》。1991年4月11日，经国务院批准，北京2000年奥运会申办委员会成立。

●1991年6月12日，叶利钦当选为俄罗斯联邦总统。

●1991年11月25日—29日，中共十三届八中全会举行。全会通过了《中共中央关于进一步加强农业和农村工作的决定》。《决定》提出，把以家庭联产承包为主的责任制、统分结合的双层经营体制作为我国乡村集体经济组织的一项基本制度长期稳定下来，并不断充实完善。

●1991年12月25日，苏联总统戈尔巴乔夫宣布辞职，将国家权力移交给俄罗斯总统叶利钦，从此，苏维埃社会主义共和国联盟彻底解体。

●1992年1月18日，邓小平南巡武昌、深圳、珠海、上海等地，发表著名南方谈话。

●1992年7月11日，邓颖超去世。18日，按照其本人遗愿，邓颖超的骨灰由她身边的工作人员撒在天津海河。

●1992年10月12日，中国共产党第十四次全国代表大会在北京开幕。18日，中共十四大通过新党章，决定不再设立中央顾问委员会。

●1993年1月5日，全国经济体制改革工作会议在北京召开。

●1993年4月27日，“海峡两岸关系协会”会长汪道涵和“台湾海峡交流基金会”董事长辜振甫在新加坡举行会谈，史称“汪辜会谈”。

●1993年8月27日，天津市静海县大邱庄的党支部书记禹作敏违法乱纪被判刑20年。

●1993年12月26日，毛泽东诞辰一百周年纪念大会在北京举行。

●1994年2月28日—3月3日，国务院召开全国扶贫开发工作会议，部署实施“国家八七扶贫攻坚计划”，要求力争到20世纪末最后的七年内基本解决全国8000万贫困人口的温饱问题。

●1994年9月25日—28日，中共十四届四中全会在北京举行。会议集中讨论了党的建设问题，通过了《中共中央关于加强党的建设几个重大问题的决定》。

●1994年12月14日，三峡工程正式开工。

●1995年1月30日，江泽民发表《为促进祖国统一大业的完成而继续奋斗》的讲话，就现阶段发展两岸关系推进祖国和平统一进程的若干重要问题，提出8点主张。

●1995年4月14日，中组部、中宣部发出关于向孔繁森学习活动的通知。

●1995年9月25—28日，中共十四届五中全会在北京举行。会议决定撤销陈希同的中央政治局委员、中央委员的职务，并建议依照法律程序，罢免其全国人大代表职务。

●1995年11月8日，江泽民在北京市考察工作时再次指出，在对干部进行教育当中，要强调讲学习，讲政治，讲正气。

●1995年11月29日，第十世班禅转世灵童经金瓶掣签认定，国务院特准坚赞诺布继任第十一世班禅额尔德尼。

●1996年1月26日，香港特别行政区筹备委员会成立大会在北京举行。

●1996年9月10日，《全面禁止核试验条约》诞生。

●1996年12月11日，董建华当选首任香港特别行政区行政长官。

●1997年2月19日，中国改革开放总设计师邓小平逝世。

●1997年6月30日23时42分，中英两国政府香港政权交接仪式在香港会展中心举行。英国国旗和香港旗降下，英国在香港一个半世纪的殖民统治宣告结束。

●1997年7月1日0时整，中国国旗和香港特别行政区区旗在香港升起，中国政府对香港恢复行使主权。成立香港特别行政区，解放军进驻香港。

●1998年3月5日—19日，九届全国人大一次会议举行，选举江泽民为国家主席、国家中央军委主席，李鹏为全国人大常委会委员长，胡锦涛为国家副主席，决定朱镕基为国务院总理。

●1998年4月3日，中央军委决定组建中国人民解放军总装备部。

●1998年11月21日，中共中央发出《关于在县级以上党政领导班子、领导干部中深入开展以“讲学习、讲政治、讲正气”为主要内容的党性党风教育的意见》。“三讲”教育由此开始。

●1998年5月21日，印尼总统苏哈托在人民力量的逼迫下宣布辞职。

●1998年7月至9月，中国长江、淮河及嫩江流域发生特大洪水。

●1999年3月24日，以美国为首的北约向南联盟发动大规模空中打击。

●1999年10月1日，中华人民共和国建国50周年，天安门广场举行了盛大的阅兵式。

●1999年10月12日，世界人口达60亿。被联合国确定为世界60亿人口日。

●1999年12月20日，中国政府对澳门恢复行使主权，建立澳门特别行政区。何厚铧为澳门特区首任行政长官。

●2000年1月1日，叶利钦宣布辞去俄罗斯总统职务，并将权力移交给总理普京。

●2000年2月20日，江泽民在广东茂名高州市进行调查研究时，深刻地指出：“只要我们党始终成为中国先进社会生产力的发展要求、中国先进文化的前进方向、中国最广大人民的根本利益的忠实代表，我们党就能永远立于不败之地，永远得到全国各族人民的衷心拥护并带领人民不断前进。”由此提出“三个代表”这一重要思想。

●2000年9月15日—10月1日，第27届夏季奥运会在澳大利亚悉尼举行。中国获28块金牌、16块银牌、15块铜牌，金牌总数、奖牌总数双双名列第三。

●2000年11月8日，远华走私案一审十四人被判死刑。

●2001年6月15日，上海合作组织成员国元首会议在上海举行。

●2001年7月13日，北京申办2008年奥运成功。

●2001年11月10日，中国加入世贸组织（WTO）。

●2001年9月11日，美国发生“911”恐怖事件。

全面建设小康社会新时期大事记

●2002年11月8日，党的十六大在北京举行，“三个代表”重要思想被载入党章。11月15日，胡锦涛当选中央委员会总书记。

●2003年1月10日，朝鲜宣布退出《核不扩散条约》。

●2003年3月15日，第十届全国人大第一次会议上，胡锦涛当选中华人民共和国主席，温家宝任国务院总理。

●2003年3月，“非典”向全国蔓延。

●2003年10月15日，中国首次发射的载人航天飞行器，将航天员杨利伟送入太空，标志着中国成为继前苏联和美国之后，第三个有能力自行将人送上太空的国家。

●2004年9月16日—19日，中共十六届四中全会提出加强党的执政能力建设和构建和谐社会的目标。

●2004年12月26日，印度洋大地震引起印度洋沿岸巨大海啸，对印度洋沿岸国家造成巨大破坏，有超过20万人在此次海啸事件中丧生。

●2005年3月14日，第十届全国大会第三次会议通过《反分裂国家法》。

●2005年4月29日，胡锦涛在北京与连战举行会谈。这是60年来国共两党主要领导人首次会谈。

●2005年10月12日，中国发射载人宇宙飞船神州六号，宇航员为费俊龙、聂海胜。

●2006年1月1日，中华人民共和国取消农业税。

●2006年5月20日，三峡大坝全线建成。

●2006年7月1日，青藏铁路全线通车。

●2007年3月16日，第十届全国人大五次会议通过了《中华人民共和国物权法》，为我国首部明确规范私有财产不得侵犯的法律。

●2007年8月1日，庆祝中国人民解放军建军80周年暨全军英雄模范代表大会在北京举行。

●2007年10月22日，十七届一中全会选举胡锦涛为中央委员会总书记。

●2008年1月10日—2月，南方发生大范围雪灾。

●2008年3月3日，梅德韦杰夫当选新一任俄联邦总统，前总统普京被任命为总理。

●2008年3月5日—3月18日，第十一届全国人大一次会议在北京举行。胡锦涛连任中华人民共和国主席、军委主席。温家宝连任国务院总理。

●2008年5月12日下午，四川汶川发生8.0级特大地震。

●2008年8月8日-24日，第二十九届奥林匹克运动会在北京举行。

●2008年9月25日—9月28日，神舟七号载人飞船发射，神七上载有三名宇航员分别为翟志刚、刘伯明和景海鹏。航天员翟志刚首次出舱进行太空行走，之后安全返回，宣告成功。

●2009年1月20日，贝拉克•奥巴马就任第44任美国总统，他是美国历史上第一位黑人总统。

●2009年7月5日，乌鲁木齐发生打砸抢烧暴力犯罪事件。

●2009年10月1日，中华人民共和国国庆60周年，首都举行盛大的阅兵仪式和群众游行。

●2010年1月4日，《国务院关于推进海南国际旅游岛建设发展的若干意见》正式发布。

●2010年3月26日，天安号事件。韩国“天安”号警戒舰在西部海域值勤时，船尾发生不明原因爆炸后沉没，舰上104名官兵中仅有58人生还。

●2010年4月14日7时，青海省玉树县发生7.1级地震，造成2698人遇难，270人失踪，12135人受伤。

●2010年5月1日，上海世博会开园仪式举行。

●2010年10月1日18时59分57秒，搭载着嫦娥二号卫星的长征三号丙运载火箭在西昌卫星发射中心点火发射。

●2010年11月23日，延坪岛炮击事件。朝鲜和韩国在延坪岛互相炮击，造成十数人死伤，数十栋建筑起火，令朝鲜半岛局势骤然紧张。

●2011年1月11日，中国的新一代隐形战斗机——歼20试飞成功。

●2011年3月11日，日本宫城县发生里氏9.0级（为世界观测史上最高震级）地震，引发的海啸影响太平洋大部分地区。地震导致日本福岛第一核电站1号机组爆炸，3号机组起火，引发世界范围内的“核危机”。

●2011年3月19日，北约轰炸利比亚，利比亚战争全面爆发。

●2011年4月28日，第六次人口普查数据显示，全国总人口为137053.6875万人；城镇人口为66557万人，占总人口的49.68%，乡村人口为67415万人，占50.32%。

●2011年7月1日，中国共产党成立90周年。

●2011年12月17日，朝鲜最高领导人金正日逝世，其子金正恩接任朝鲜最高领导人。

●2012年3月5日，俄罗斯总理普京赢得总统大选。

●2012年6月18日，神舟九号与天宫一号自首次交会对接成功，航天员景海鹏、刘旺、刘洋进入天宫一号。6月29日，神舟九号返回舱成功着陆。

●2012年6月27日，蛟龙号7000米级海试第五次下潜深度达7062米，创造中国载人深潜器新纪录。

●2012年9月25日，国务院新闻办公室发表《钓鱼岛是中国的固有领土》白皮书。同日，中国首艘航空母舰"辽宁舰"交付海军，中国从此跻身航母大国。

实现中华民族伟大复兴的中国梦新时期大事记

●2012年11月8日—11月14日，中国共产党第十八次全国代表大会在北京召开。会上选举出了中国共产党第十八届中央委员会委员。

●2012年11月15日，十八届一中全会上，习近平当选中共中央总书记、中央军委主席。

●2012年12月4日，中共中央政治局召开会议，审议通过关于改进工作作风、密切联系群众的八项规定。

●2013年1月22日，联合国通过第2087号决议，谴责朝鲜发射卫星，中国投赞成票。

●2013年2月25日，朴槿惠正式宣誓就任第18任韩国总统。

●2013年3月1日，经最高人民法院核准，"10.5"湄公河惨案四名案犯糯康、桑康·乍萨、依莱、扎西卡，在云南昆明被依法执行死刑。

●2013年3月14日，在第十二届全国人大第一次会议上，习近平当选中华人民共和国国家主席、国家军委主席。

●2013年3月15日，全国人大决定李克强任国务院总理。

●2013年6月9日，北京市第二中级人民法院公开审理原铁道部长刘志军涉嫌受贿、滥用职权案。同日，前美国中情局雇员爱德华·斯诺登在香港向英国卫报记者透露美国国家安全部（NSA）监听个人和主要大国机密，引发世界舆论震惊。

●2013年9月22日，济南中院对中共中央政治局原委员、重庆市委原书记薄熙来受贿、贪污、滥用职权案做出一审判决，认定薄熙来犯受贿罪，判处无期徒刑，剥夺政治权利终身，并处没收个人全部财产；犯贪污罪，判处有期徒刑十五年，并处没收个人财产人民币一百万元；犯滥用职权罪，判处有期徒刑七年；数罪并罚，决定执行无期徒刑，剥夺政治权利终身，并处没收个人全部财产。

●2013年10月28日，中午，一辆吉普车在天安门东闯入长安街便道，撞向金水桥护栏后起火，事件造成11人受伤被送往医院救治。北京警方证实，吉普车司机及车内人员共3人已死亡。10月30日，北京警方将"10.28"事件定为恐怖袭击。

●2013年11月9日——十八届三中全会，通过了《中共中央关于全面深化改革若干重大问题的决定》。

●2013年12月14日——中国嫦娥三号月球探测器于北京时间21时11分成功软着陆月球。

（本大事记截止时间为2013年12月底）